A Poetic Biography
ALBERT RUSSO
Biographie Poétique

To order additional copies of this book, contact:
Xlibris
1-888-795-4274
www.Xlibris.com
Orders@Xlibris.com

ISBN: 978-1-4257-1043-9 (sc)
ISBN: 978-1-4257-1044-6 (hc)

Library of Congress Control Number: 2006901658

Print information available on the last page

Rev. date: 10/29/2019

Dati e connotati del Titolare ⁽¹⁾

Professione *impiegato*

figlio di *Bozzo Abramo*

e di *Israele Rachele*

nato *Rodi (Egeo)*

il *4 Ottobre 1910*

domiciliato *Rodi*

Prov. di *Egeo*

statura *media*

occhi *castani*

capelli *castelino*

barba *nascente*

baffi *—*

colorito *naturale*

segni particolari *N. 1*

⁽¹⁾Colonna riservata ai connotati della moglie

Figli

Nome	Data di nascita	Visto

Fotografie ⁽¹⁾

⁽¹⁾ Spazio riservato alla fotografia della moglie

Firma del Titolare

Russo Mosè

⁽²⁾

Autentificazione della firma del titolare

IL CAPITANO DEI CC. RR.
Capo dell' Ufficio Centrale di P. S. delle Isole Egeo
(Ugo Luca)

Firma

Data *Rodi (Egeo) li 21 Agosto 19..*

⁽²⁾ Firma della moglie

2

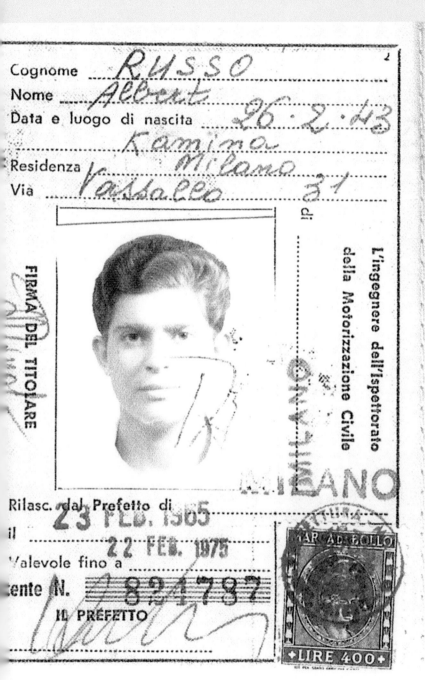

Cognome **RUSSO**

Nome **Albert**

Data e luogo di nascita **26·2·43**

Kamina

Residenza **Milano**

Via **Vassallo** **31**

di

L'ingegnere dell'Ispettorato
della Motorizzazione Civile

MILANO

FIRMA DEL TITOLARE

Rilasc. dal Prefetto di

il **23 FEB. 1965**

Valevole fino a **22 FEB. 1975**

tente N. **821797**

IL PREFETTO

MAR. DA BOLLO

LIRE 400

VIDIMAZIONI ANNUALI

PREFETTURA MILANO
PAGATA
TASSA C. G.
1965

CONCESSIONI GOVERNATIVE
PATENTE GUIDA AUTOVEICOLI
LIRE 2000

CONCESSIONI GOVERNATIVE
PATENTE GUIDA
LIRE 4000

CONCESSIONI GOVERNATIVE
PATENTE GUIDA AUTOVEICOLI
LIRE 4000

MILANO

3

4

FREE

the Voyeur

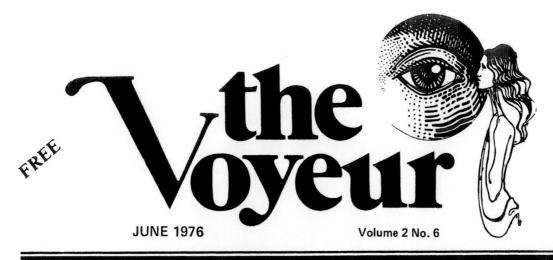

JUNE 1976   Volume 2 No. 6

You have the dedication of the imcompetent   MEDIOCRITES (441 BC–389 BC)

PARENTHESIS

Copyright © Albert Russo 1976

—"How serious was it? . . "
—"They had to break into his compartment on the Milano-Brussels Express . . . tried with a sharp paper-cutter . . . married, with a child . . . just moved to Belgium . . . "
Either said it on purpose or thought they were far enough for me not to grasp what they were talking about. The boyish looking man whom she addressed as doctor turned round to glance at me with that professional detachment which conceals among other things, fear and hesitation.
—"Eclectic background . . . lived on three continents . . . seems to have a good disposition . . . "
They walked away. It was getting dark and cold and I felt hungry.

A stout, middle-aged Flemish

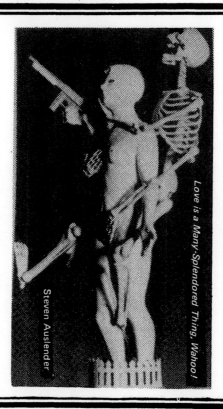

Steven Auslender

Love is a Many-Splendored Thing. Wahoo!

nurse showed me to my room. It was in the annex, on the first floor, overlooking an orchard. At the other end stood the eighteenth century mansion turned into a rest-house.
—"I hope you will feel comfortable here", said the nurse rolling her r's dramatically. As I began to sneeze she proceeded:
—"Pricking stuff, isnt' it! We've had the place disinfected. I'll let in some fresh air. Ready? Take a long, deep breath!"
She braced her knees and flung the window wide open. After a few chilling seconds which allowed me to appreciate her brawny calves, she pulled down the shade.
—"That's it. I'm off now", she added in a matter-of-fact tone. "Ah! If you need anything, just ring the bell to call the night nurse. I've left her instructions for your medicine. Cheerio, see you to-morrow."

SUD-AFRICAINE

ALBERT RUSSO

Le cap des illusions

ROMAN

EDITIONS DU GRIOT

il poursuit ses études aux USA dans le domaine du cinéma. Au Botswana, il crée le Groupe Culturel Medu Art Ensemble. Puis représentant de l'ANC à Londres, son premier roman voit le jour "to every birth its blood" signifiant "chaque naissance réclame son tribut de sang". De retour en Afrique du Sud, il se plonge dans ses actions de militant politique et culturel. *To every birth its blood* a été traduit en français par Christine Delanne Adelkrim sous le titre *"Alexandra, mon amour, ma colère".*

"WINNIE MANDELA, MA PART DE VERITE" de Honoré de Sumo.

"La philosophie nous enseigne que la neutralité n'existe pas ", mais en dépit de cette citation de la préface, l'auteur, Honoré de Sumo, avoue qu'il avait une folle envie de "cerner les contours d'un personnage presque mythique". Honoré de Sumo, économiste et journaliste, a choisi le défi de réaliser environ 160 pages d'interview. Il préfère le terme de conversations. Montrée du doigt après une obscure affaire d'enlèvement et meurtre d'un jeune militant de 14 ans, Winnie Mandela estime que la presse internationale s'est acharnée jusqu'à interroger ses relations amoureuses et son porte-monnaie : " j'ai été leur marchandise (...) pour vendre leurs journaux aujourd'hui, ils courent après des interviews". En décembre 1992, notre auteur oeuvrait dans un cabinet d'affaires à Johannesburg et au hasard des rencontres, il a pu avoir l'opportunité de réaliser un entretien de 3 mois. Jusqu'à ce jour, il ne sait toujours pas pourquoi elle a accepté. Mais cela n'a pas été toujours évident. Voici donc en forme de questions-réponses comme une biographie. Le pays l'appelle "Mama". Son enfance, ses relations avec son père, sa formation d'assistante sociale, et pourquoi le grand Nelson Mandela a fait éruption dans sa vie, l'ANC, la prison, ses deux filles, le militantisme, la séparation avec son mari, les croyances et les espoirs. Ce livre-interview pose d'une manière cruciale la question de l'avenir politique de Winnie Mandela. Elle a créé une association. " La mère de la nation" poursuit sa lutte sans être peut-être la femme de... On l'aime ou on ne l'aime pas.

ALBERT RUSSO

De père italien et de mère anglaise, né au Zaïre, Albert Russo a passé son enfance sur le continent africain, entre l'ex-Congo belge, l'Afrique du Sud et le Burundi. Puis il a vécu en Italie, aux Etats Unis et finit par s'installer à Paris. *Le cap des illusions* pénètre dans l'intimité de personnages qui sont des bâtards culturels engendrés par le métissage dans le contexte de l'Afrique du Sud. Nous sommes dans les années 60, les Debeer, famille d'Africaners (colons d'origine hollandaise) se retrouvent déclassés du statut de blancs à celui de métis. La fille Prudence est refusée à l'école pour des traits un peu trop douteux, certaines traces d'un ancêtre sont réapparues et c'est le rejet. Quand on a toujours vécu, en se croyant la race protégée de Dieu, s'installer dans un ghetto à cause des dures lois de l'apartheid se révèle être une véritable déchirure. Et lui, le narrateur, tombe amoureux de Prudence. Le style intimiste de l'auteur laisse au lecteur une Afrique dévoilée comme dans sa précédente oeuvre *Sang mêlé*. Un autre regard sur L'Afrique du Sud, un autre visage pour d'autres rencontres.

Micheline Bethay

Writer'sDigest

13th Annual International Self-Published Book Awards
Commentary Sheet

Author: Albert Russo
Title: *The Crowded World of Solitude The Collected Stories*
Category: Mainstream/Literary Fiction

On a scale of 1 to 5, with 1 meaning "poor" and 5 meaning "excellent," please evaluate the following:

Plot: 5

Grammar: 5

Character development: 5

Cover design: 3

<u>Judge's commentary:</u>

1. What did you like best about this book?

   The Crowded World, indeed. One gets the sense that Russo has been everywhere, done everything, seen everything, and then turned around and written about it in these stories. What I like most about this collection (and it's only Volume One!) is its variety – there are stories set in Africa, stories for children, essays, science fiction, fantasy…in short, this is one writer who is incredibly diverse, and seems to be able to do a remarkable number of different things. There are some extravagant sex scenes, which are quite difficult to do without becoming quickly absurd. All in all, a really terrific collection, with some lovely prose.

2. How can the author improve this book?

   There's really little that I can say in terms of improvements. While certainly it's not the case that every story is a masterpiece, the ones that are excellent clearly outweigh the few that are not. And again, I'm a bit awed by the sheer volume of material here, produced over a number of years. This is really an impressive collection.

Dear Albert,

Congratulations! Your book, **The Crowded World of Solitude, The Collected Stories**, was chosen as an <u>Honorable Mention in the Mainstream/LiteraryFiction category</u> of the <u>13th Annual Writer's Digest Intemational Self-Published Book Awards</u>. Competition was particularly fierce this year so your accomplishment is truly impressive. All winners have been notitied, and will be formally <u>announced in the March 2006 issue of Writer's Digest and on our Web. site</u>, www.writersdigest.com, at that time as well.

We're extremely pleased at the quality of the winning books, and indeed, at the level of self-publishing quality evidenced by a great many of our entrants. We wish you continued success in the publishing and marketing of your writjng, and hope we'll see you among the entrants in our 14th annual competition.
Enclosed you will findyour certificate, the judge's commentary of your book and a certiticate for $50 worth of Writer's Digest Books.

Thanks again fot your participation and for confirming our belief that self-publishing is both a vital and increasingly appropriate option for today's writers.
Sincerely,

Kristin D. Godsey, Editor
Writer's Digest.

Éditions du Club France Loisirs, Paris,
avec l'autorisation des Éditions du Griot - *diffusion : Harmonia Mundi*

Un enfant déchiré entre deux mondes

"**J**'aime votre écriture car dans un style policé, vous exprimez des sentiments violents, faisant éclater des vérités terrifiantes. Vous dérangez sans en avoir l'air".

James Baldwin

NOUVEAU

Albert Russo **SANG MÊLÉ** *ou ton fils Léopold*

Hanté par sa différence. Au Congo belge, dans les années 50, Léo, bébé mulâtre, est adopté par Harry Wilson, américain en mal de paternité. Celui-ci et sa servante, Mama Malkia, opulente Africaine au cœur d'or, comblent Léo d'affection. Bientôt, il va à l'école dans un établissement pour Européens. Le jeune métis, en proie aux moqueries de ses camarades blancs, se sent exclus, rejetté. Ni tout à fait blanc, ni tout à fait noir. Il se noue d'amitié avec des enfants "différents", comme lui. Ishaya, petit juif, devient son plus grand complice. Puis, il fait l'apprentissage de la vie. Entraîné par un copain plus agé dans une maison close, il fait une désastreuse initiation amoureuse. Il apprend, lors d'une scène violente, l'homosexualité de son père adoptif... Ce beau roman, dominé par Léo, jeune métis, traite en profondeur de la difficulté à vivre sa différence. Rare témoignage sur l'époque coloniale, il décrit dans un style soutenu, des personnages sincères, des sentiments intenses. Un livre poignant, réaliste et fort. Une vraie réussite.
264 pages.

490^F Prix Club N° 20222.4 *F belges* FF 105 / Griot

Willy Vandersteen
LA LICORNE SOLITAIRE
LES ELFES ENCHANTÉS
LA PERLE DU LOTUS
LE TUMI TIMIDE
Les aventures de Bob et Bobette aux quatre coins du monde.
4 livres cartonnés, illustrés en couleurs. 56 pages chacun.
N° 01112.1 Prix Club **480**^F
N° 20422.6 *OFFRE GROUPÉE*

Jan Van Dorp
FLAMAND DES VAGUES
Une fabuleuse épopée au vent de la flibuste.
578 pages.
N° 01929.4 Prix Club **730**^F
N° 20419.3 *OFFRE GROUPÉE*

Michel Ragon
L'ACCENT DE MA MÈRE
Un magnifique chant d'amour filial.
464 pages. 72 photos en noir et blanc en hors-texte et quelques photos noir et blanc, illustrations. reproductions et cartes en noir in texte. Couverture Geltex® bicolore.
N° 03734.5 Prix Club **530**^F
N° 17792.5 *OFFRE GROUPÉE*

Nina Berberova
LE MAL NOIR. LE LAQUAIS ET LA PUTAIN. L'ACCOMPAGNATRICE
Le chant pathétique des solitaires mal aimés.
192 pages. Couverture Geltex® bicolore enrichie d'un fer à dorer.
N° 01118.7 Prix Club **460**^F

Paul Auster
MOON PALACE
Un éblouissant voyage initiatique.
376 pages. Couverture Geltex® bicolore.
N° 12123.1 Prix Club **600**^F
N° 20421.5 *OFFRE GROUPÉE*

Daniel Herrero
PASSION OVALE
L'hymne à la vie d'un entraîneur-vedette.
228 pages. 12 pages de photos en noir et blanc en hors-texte.
N° 10271.8 Prix Club **440**^F

Toni Morrison
BELOVED
L'étrange exorcisme d'une mère meurtrière.
380 pages.
N° 08551.4 Prix Club **680**^F
N° 17806.8 *OFFRE GROUPÉE*

Bernard Clavel
MAUDITS SAUVAGES
Le Royaume du Nord, tome 6
L'agonie d'une tribu indienne du Québec.
352 pages. Reliure pleine toile. Dossier illustré.
N° 05677.1 Prix Club **490**^F

ALBERT RUSSO

Le cap des illusions

ROMAN

EDITIONS DU GRIOT

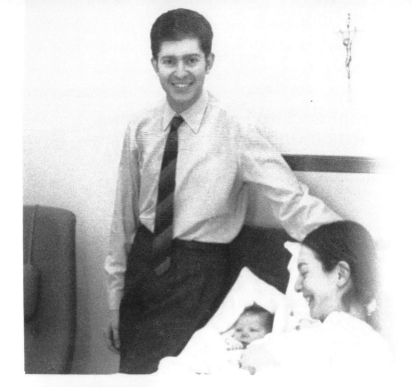

CONSEIL INTERPROFESSIONNEL DES
Vins de la Région de Bergerac

MONBAZILLAC
CÔTES DE BERGERAC
HAUT-MONTRAVEL
CÔTES DE MONTRAVEL
ROSETTE
PÉCHARMANT
MONTRAVEL
BERGERAC
CÔTES DE SAUSSIGNAC
ROSÉ DE BERGERAC

Place du Docteur Cayla

BERGERAC
(DORDOGNE)
✳
TÉLÉPHONE 12.57

GRAND PRIX LITTERAIRE DES VINS DE BERGERAC

BERGERAC, le **17 Septembre 1968**

Monsieur RUSSO Albert
Homme de Lettres
MILAN

Monsieur,

Notre Jury a beaucoup apprécié votre oeuvre ce qui a augmenté ses regrets de ne pouvoir vous attribuer une récompense parce que vous n'avez pas traité des Vins du Périgord comme l'exigeait le règlement du concours, mais, vous figurez au palmarès sous la rubrique "Témoignage d'Estime".

Nous vous engageons, pour l'année prochaine, a nous adresser un envoi qui traitera des vins du Périgord.

A titre de sympathie, nous allons vous expédier 6 bouteilles de nos Grands Crus du Bergeracois.

Croyez, Monsieur, à nos bons sentiments.

Le Secrétaire du Jury :

J. LEYDIER

11

télévision

La Meuse-La Lanterne (Belgique) 14.2.91

DIRECT

Albert Russo : une enfance au Congo, dans les années '50

Albert Russo est né au Zaïre, d'un père italien et d'une mère rhodésienne. Il passe toute sa jeunesse sur le continent africain : l'ex-Congo belge, l'ancienne Rhodésie, l'Afrique du Sud et le Burundi. Il fait ses études universitaires aux Etats-Unis puis à Heidelberg. Il a récemment publié aux Editions du Griot (34, rue Yves Kermen, F-92100 Boulogne) un roman intitulé *Sang mêlé*, dont l'action se déroule dans l'ancien Congo belge des années cinquante.

Ce roman, Albert Russo l'a d'abord écrit et publié en langue anglaise, sous le titre *Mixed Blood*. Et le grand auteur américain James Baldwin lui a dit son enthousiasme : « *J'aime votre écri-*ture, car dans un style policé, vous exprimez des sentiments violents, faisant éclater des vérités terrifiantes. Vous dérangez sans en avoir l'air* ».

Le livre conte l'histoire de Léopold Kitoko Wilson. Il se compose de trois parties, dont chacune a un narrateur différent : d'abord Léo, l'enfant métis; puis Harry Wilson, son père adoptif (un Américain du Maryland); enfin Mama Malkia, la nourrice congolaise de Léo.

Le gosse fréquente le collège Saint-François et mène l'existence d'un petit Européen. Mais il se sait différent des autres, et ses compagnons ne manquent pas de le lui faire sentir.

Ce qu'il préférerait, c'est être tout blanc ou tout noir...

Léo vit entouré de l'amour de Harry Wilson et de Mama Malkia. Le drame éclate lorsqu'il découvre que son père adoptif est un homosexuel.

La deuxième partie du roman nous révèle dans quelles circonstances Wilson est venu s'installer en Afrique, pendant la Seconde Guerre mondiale.

L'épilogue nous est conté par Mama Malkia, qui nous décrit la déchirante séparation d'avec Léo, parti aux Etats-Unis afin de poursuivre ses études.

Un roman puissant. Le témoignage attachant d'un enfant sur l'époque coloniale.

Hebdo (Suisse) 28.9.90

LIVRES

Nouvelles

L'AUTOMNE DES BUREAUCRATES. Pour la fête des travailleurs, ce 1er Mai, le manifestant solitaire a simplement écrit «Vive le président!» sur une pancarte. Un énoncé aussi surprenant, qu'aucune organisation n'a commandé, déclenche la machine bureaucratique et policière. L'irréprochable ouvrier va se transformer en suspect puis en coupable, reconnaissant au passage les lieux de torture qui n'ont pas changé de fonction depuis le temps lointain où il luttait pour l'indépen-dance. «Le Manifestant» ouvre le recueil de nouvelles de l'Algérien Rachid Mimouni, il en donne le ton: ironique, désabusé, désespéré, caustique. De récit en récit, les mêmes absurdités, l'eau qui manque, l'énergie gaspillée en queues et en démarches administratives vaines, l'inefficacité érigée en système. Un spécialiste de la sériciculture doit crever tous les vers à soie qu'il a mis des trésors d'ingéniosité à se procurer. La nouvelle voie de chemin de fer contourne un village, qui régresse au stade précolonial. Tous forts, les sept récits de Mimouni laissent entre le rire et la rage. «La Ceinture de l'Ogresse.» *De Rachid Mimouni. Seghers, 234 p.* I. R.

Romans

(DÉ)STRUCTURALISME. Qu'advient-il d'une culture sous dominance étrangère depuis des décennies? Albert Russo projette quelques-unes des conséquences probables d'une guerre d'indépendance dans un trio hétéroclite. Celle-ci ne se déroule en effet qu'en arrière-fond, alors que sous la loupe se posent et se résolvent des interrogations liées aux affrontements culturels. Entre les lignes, toutes les structures éclatent. Nouveau départ. Année zéro. Léo est métis, fils adoptif de Harry Wilson, Américain immigré au Congo belge dans les années cinquante. L'image de la mère de ce dernier morte en couches est la cause de querelles incessantes avec son père. Raison pour laquelle il s'échappe à Elisabethville, où il engage Mama Malkia, qui, en entrant au service d'un étranger, est aussi en rupture avec son milieu. L'auteur parcourt l'hybride de long en large: quels sont les problèmes d'intégration auxquels doit faire face un jeune métis placé dans une école dans laquelle le port de la tenue coloniale est de mise? Vers quelles formes évolueront ses convictions religieuses entre un homme baptiste et une femme soumise à la contrainte de la toute-puissante Eglise catholique romaine? Et sur le plan affectif, de quels principes sera constituée une éducation menée par un Américain homosexuel, qui s'interroge sur sa paternité, et sa servante congolaise? Fruit d'un environnement en pleine mutation, Léo ne sera-t-il pas sujet à de graves crises d'identité? Un angle d'approche original dans l'examen des effets secondaires du colonialisme. Un livre facile à lire. «Sang mêlé ou Ton Fils Léopold». *D'Albert Russo. Editions du Griot. 258 p.* B. S.

CLIN D'ŒIL DE CYCLONE. Des milliers de mangues jonchent le sol, les routes crèvent sous l'assaut des torrents, toute activité est arrêtée. Le roman d'Axel Gauvin s'ouvre sur un paysage dévasté. Dans ce cataclysme, une vie minuscule tremblote et va s'éteindre, celle d'Aimé, dit P'tit Mé. C'est compter sans l'énergie chaleureuse de la grand-mère. Elle communique ce qu'il lui reste de force vitale à ce gamin échoué à sa porte. Voilà l'histoire d'amour, d'une simplicité archaïque, que raconte Axel Gauvin. Cet écrivain de la Réunion est un défenseur du créole. Sans le moindre artifice folklorisant, sa langue maternelle donne rythme et couleur à ce roman, écrit en français. Les Goncourt ont sélectionné l'«Aimé», séduits peut-être par la générosité du conte et de l'écriture. «L'Aimé.» *D'Axel Gauvin. Seuil, 249 p.* I. R.

Rachid Mimouni, entre rire et rage

78 12 9

14

==LT<==ALBERT RUSSO<=

==247 AVENUR WINSTONCURCHILL<=

==1180BRUSSELS<==

==Z   SBE636 CA1153 HBW41<==HILLBROW 34 30 0932<==

==RECEIVED COPY OF YOUR LATEST BOOK OUTSTANDINGLY PRESENTED<=

==CONGRATULATIONS AND WISHING YOU EVERYTHING FOR A SUCESSFUL<=

==PUBLICATION GREATLY MONOURED TO BE ASSOCIATED FONDEST<==LOVE<==

BERNARD AND IRENE<==

BRITISH BROADCASTING CORPORATION
PO BOX 76 BUSH HOUSE STRAND LONDON WC2B 4PH
TELEPHONE 01-240 3456   TELEX: 265781
TELEGRAMS AND CABLES: BROADBRIT LONDON TELEX

50 years of broadcasting to the world
1932-1982

25th March 1985

Mr Albert Russo
BP 573
75826 Paris Cedex 17
France

Dear Mr Russo,

I am pleased to tell you that your short story entitled 'The Discovery'
has been chosen for broadcast in our World Service Short Story
programme. Unless we write and tell you otherwise, the broadcasting
dates and times are as follows:

WS TX   Sunday   16th June 1985 - 1001 GMT
          Sunday   16th June 1985 - 2101 GMT
          Tuesday   18th June 1985 - 0130 GMT

BIENNALE AZURÉENNE
(Arts - Lettres)
•
COMITÉ DIRECTEUR

FONDATION MICHEL-ANGE

poggio le 5 octobre 1974

Cher Monsieur Albert Russo

*J'ai le plaisir de vous annoncer que vous êtes
lauréat du 4e salon de la Fondation Michel-Ange
"prix Colette" pour votre roman "La poule
du Diable".
Les lauréats corses ont reçu leurs diplômes le 29
septembre, la diffusion du palmarès est en cours,
mais la remise officielle des prix n'aura lieu
que le 8 décembre à Cannes.
Pourrez-vous être des nôtres ce jour là ?*

*Veuillez agréer, cher lauréat, avec mes vives
félicitations, l'expression de ma considération
distinguée.*

La présidente

REGAIN ★ PALAIS MIAMI ★ MONTE-CARLO ★ TEL: 30.62.04

Le 15 mai 1971.

Monsieur Albert RUSSO
B.P. 177
20052 MONZA
Italie.

Cher Monsieur,

Votre envoi pour le PRIX DE POESIE "REGAIN 1971" vient d'obtenir une

M E D A I L L E   D E   B R O N Z E

Si, comme je le pense, vous acceptez cette distinction, voulez vous, dans
le plus bref délai, me le faire savoir par un mot. La médaille vous sera
alors adressée dès que nous aurons nous mêmes l'envoi annoncé par
" La Monnaie de Paris ".

Par ailleurs, nous restons à votre disposition pour l'édition de votre
oeuvre, dans notre collection " Poètes de notre temps ", aux conditions
de base exposée dans ma lettre du 25 janvier.

A vous lire,

Bien sincèrement vôtre.

Gérard BOY   GB/PG.

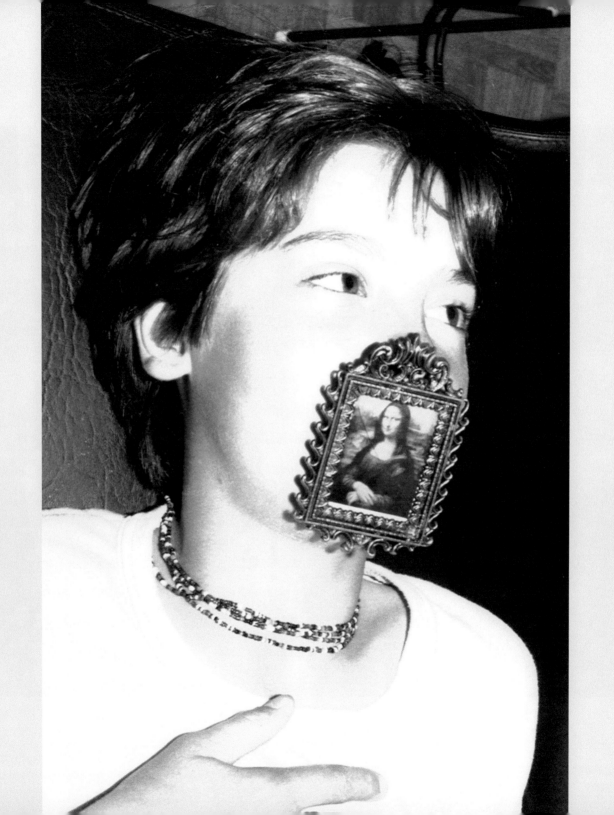

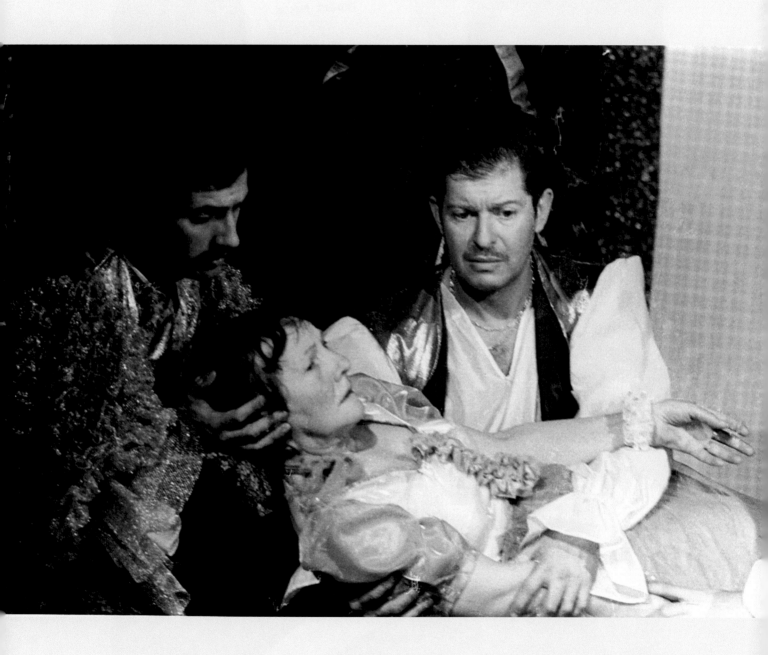

E DE MICHELE BERNSTEIN

MOUNI. UN TROU
GUE.

drôle, le
e Rachid
ai. Drôle,
a plonge
f de son
xplite d'une
adéquat,
c puisque
ra invite à
et se les
cent l'Al-

sommes,
rendrons-
leure des
possible
fics d'in-
e crâne),
nnesse, eh
compatis-
chons sur
nous, de-
rhumatis-
Que plus, un
fait mal?
l'oubli: le
ciel en cet

relatés par
nboliques.
ommes du
vie quoti-
perplexe:
ment ima-
n fait dis-
naïf trop
ux qui, un
fester tout
eu subver-
Scandale.
nifestations
trées d'n
t seul. Il
anecdote
hanson du
-Germain,
à couvert.
e prudem-
t un homme
donne des
à la Prési-
t. Enfin, les
nettent en
ssier, et les
x qui —tel
ent simple-
ne connaît
..Qu'est-ce
politiques?
l'affaire de
s son jour-
nts, ce qu'il
uestions de
Le commun
ire la rubri-
urer. Ou à
me ceux qui
nt effronté-
n en grève
clairement

parle d'un
déjà déglin-
il parle de
vera-t-il a
devinée. In-
étrangers,
ure et exté-
ment des

deniers du Front, offense au chef de
l'Etat; bref, passible de la peine de
mort.

D'autres nouvelles sont plus douces,
plus tendres, moins directement expli-
cables. Ainsi ce village privé par la
modernité de son antique chemin de
fer, qui retourne doucement à l'autar-
cie et ne s'en trouve pas plus mal, au
contraire. Ou la très poétique passion
d'amour et de mort d'un jeune paysan
et d'une Beur en vacances (encore
que... citation de cette histoire poétique, quand c'est un autre qui parle: *...*
le patron en profita pour me faire jouer
le rôle de contremaître... Pour l'emmer-
der, j'ai prôné la création d'une section
syndicale à l'usine... Evidemment je me
suis retrouvé chômeur. J'ai aussi été
planton à la mairie (...) Filtrer l'accès
des gens à l'hôtel de ville a fait de moi un
personnage si important que le maire en
a pris ombrage. Il redoutait l'émer-
gence d'un futur rival. Entre analpha-
bètes... Vous voyez que l'humour et la
rage ne s'effacent jamais). Mais les
deux histoires les plus fortes sont sans
doute celles des *Vers à soie* et de
l'Evadé.

Les vers à soie: c'est la création et la
déconfiture d'un élevage. Il y a tout, la
place, les arbres, un ingé-
nieur, des travailleurs. Mais à cet
ingénieur, un homme *dont (il) avait*
déjà noté la nette prédisposition aux
débats philosophiques lui avait deman-
dé: *«Croyez-vous à la fatalité?»* Parce
que, disait-il, *«il y a des moments où je*
me demande s'il n'existe pas un état de
la société qui s'apparente à une forme
de fatalité. (...) où tout est voué à
l'échec comme par l'effet d'une obscure
fatalité.» Et quand, pour une raison
puis pour une autre et encore une
autre, tout aura raté, l'ingénieur lui
enverra une carte: *«Vous disiez vrai,*
mais je ne suis pas sûr que vous ayez
raison.»

Quant à *l'Evadé,* cet homme dont la
notoriété exaspère le régime, contre
un seul mot de renoncement on lui a
tout promis, l'argent, les honneurs, les
voitures, la liberté... *la libération de*
tous les prisonniers politiques, des écri-
vains et des chanteurs contestataires;
l'abolition de la surtaxe sur le whisky;
la possibilité pour le citoyen de sortir à
l'étranger sans tracasseries (...) et
pour le plus désespéré le droit de dire
merde. Contre un seul mot on lui a tout
promis.

Il leur a dit merde.

Quel effet cela peut-il avoir que Rachid Mimouni soit lu et apprécié en
France? Qu'il le soit (et il l'est) en
Algérie? Qu'il prenne le droit de dire
merde sans le demander ni le recevoir?
Allez donc savoir, que peuvent les
livres... Mais toujours je pense à cette
histoire bien morale qu'on nous ra-
contait autrefois, du petit Hollandais
qui d'un seul doigt empêcha l'eau de
renverser la digue. Histoire superbe
parce qu'à double tranchant: on fait
un petit trou, les lames s'y engouf-
frent, et les murailles s'effondrent.

Rachid Mimouni: la Ceinture de l'Ogresse,
nouvelles. Seghers. 234 pp., 90 F.

RUSSO AU CONGO

Sang mêlé ou Ton fils Léopold,
d'Albert Russo, est une exception
ingénue à la règle qui veut
que tout roman plongé dans
l'Afrique noire, par un
écrivain blanc ou noir, en ressorte
tropicalisé, taraudé de personnages
pittoresques, parasité de mots
luxuriants et infesté de passages
incantatoires. Ses phrases
sont alignées au cordeau comme les
rues d'Elisabethville (aujourd'hui
Lubumbashi), au Congo belge.
«Avenue des Savonniers, ce nom m'a
toujours émerveillé, et, fermant les
yeux, j'imaginais des grappes
de savons français, chers et parfumés,
pendant aux arbres le long de
l'avenue.» Les personnages de *Sang*
mêlé habitent une convention, une
ville inventée. Le romanesque
est leur élément naturel. Ils
affrontent avec placidité, sans
appeler le pittoresque au secours,
des situations qui rendraient
hystériques les personnages du
roman «africain» de
Simenon, le *Blanc à lunettes.* On
n'indiquera qu'une donnée du
problème en résumant ainsi: Harry
Wilson, l'Américain qui tient la
boutique d'articles de
luxe, trompe monsieur Giorgios, *«le*
propriétaire du salon de thé où se
dégustaient les meilleures
pâtisseries et crèmes glacées
d'Elisabethville», avec Eric
van Pool, *«un policier flamand,*
réservé et solitaire, frais
émoulu de l'Institut tropical
d'Anvers». Qu'en
pensent sa gouvernante, Mama
Malkia («reine mère» en kiswahili),
et Léopold, le petit métis qu'il a
adopté et qui va à l'école
«chez les sœurs de l'Institut Marie-
José, à la section Montessori»?
Cette histoire, racontée du triple
point de vue de Léopold,
Mama Malkia et Harry Wilson,
avait plu à James Baldwin, qui
répondit à Albert Russo après avoir
lu le manuscrit de *Sang mêlé:*
«J'aime votre écriture, car dans un
style policé vous exprimez des
sentiments violents, faisant éclater
des vérités terrifiantes.»
Mais qui est Albert Russo? Un
polygraphe de cinquante ans,
polyglotte, hors circuit littéraire. Il
est né au Congo belge d'une mère
anglaise et d'un père italien
avec lequel il ne s'entendait pas
mieux qu'Harry Wilson avec le sien.
«Mon père a tout fait pour que je
n'écrive pas. Je me suis
révolté très tard, à vingt-huit ans, en
68», dit Albert Russo. Avant *Sang*
mêlé, qu'il a d'abord écrit en
anglais, il a publié deux romans en
Belgique et des nouvelles de science-
fiction aux Etats-Unis. Il s'est
installé à Paris (où il enseigne
l'anglais et l'italien),
après New York et Milan.
«C'étaient des villes exotiques, la
planète intouchable des vacances des
riches. A Elisabethville, j'ai
connu des personnages comme
Harry Wilson et monsieur Giorgios.
Les gens semblaient accepter ça. On
disait d'un tel: il ne va pas
avec les femmes. J'ai découvert en
Occident que c'était une affaire
d'Etat.»*

Michel CRESSOLE

Albert Russo : Sang mêlé ou Ton fils
Léopold. Editions du Griot, 258 pp.,
105 F.

RAYONS

Le petit prince cannibale

«... les cris, les terribles cris d'un enfant qui ne
parle pas, engendrent quand même un texte.» Un
livre comme un cri, comme un poème. Une écriture âpre, violente, pleine d'amour, superbe. *Le pe-*
tit prince cannibale raconte le double récit de la
mère pour arracher son petit garçon à l'autisme
et de l'écrivain pour mener à bien son livre malgré
ce combat contre l'autisme qui la «cannibalise».
Un témoignage vrai et émouvant sans aucun
mélo, mais aussi et tout autant — sinon davantage — le cheminement aux côtés d'un auteur qui,
peu à peu, maîtrise son écriture, la cisèle et lui
donne densité. Un très beau livre sur l'amour
maternel. Un très beau livre sur l'écriture.

A.M.P.

Françoise Lefèvre, Le petit prince cannibale, Actes Sud,
153 p., 614 FB.

Sang mêlé

Le Congo belge dans les années 50. Léopold, un
enfant mulâtre abandonné, est adopté par Harry
Wilson, un Américain homosexuel qui l'élève avec
l'aide de Mama Malkia, sa servante. Le livre d'Albert Russo, écrivain d'origine anglo-italien-
ne, est celui de toutes les différences, de tous les
rejets. D'une plume alerte, d'une écriture lisse et
facile, il aborde toute la violence des problèmes
d'une époque difficile et dénonce les cicatrices
qu'ils ont laissées.

A.M.P.

Albert Russo, Sang mêlé ou Ton fils Léopold, Editions
du Griot, 258 p., 724 FB.

◊ LA CITE du 20 septembre 1990

Le radeau de pierre

Tous les regards sont aujourd'hui tournés vers
l'Est, qu'il soit proche ou lointain. José Saramago, l'un des meilleurs romanciers portugais ac-
tuels, imagine dans *Le radeau de pierre* une fabuleuse dérive de la péninsule lusitanienne vers le
Sud, entre Afrique et Amérique centrale. Dans
cette fable européenne qui tourne le dos aux
idées bien-pensantes et niaises qui s'accumulent
sur l'après 1992, deux hommes, deux femmes, vi-
vent un périple tantôt cauchemardesque, tantôt
initiatique. Une vision pessimiste d'un romancier
qui n'oublie pas les «terres-du-bout»: le Portugal, vilain petit canard d'une Europe qui se cher-
che encore. Une réflexion passionnante pour un
ouvrage aux richesses baroques, parfois démesu-
rées.

A.D.

José Saramago, Le radeau de pierre, trad. du portugais
par Claude Fagès, Seuil, 313 p. 816 F.

MINISTÈRE DE L'ÉDUCATION NATIONALE
•
ÉCOLE PRATIQUE DES HAUTES ÉTUDES
VIᵉ SECTION - SCIENCES ÉCONOMIQUES ET SOCIALES
SORBONNE

CENTRE D'ÉTUDES ARCTIQUES

Équipe de Recherche Associée au C.N.R.S.

mardi p.m
14h30 →

6, RUE DE TOURNON, 75006 PARIS
TÉL. : 325.56.36

2368838 privé ⟶

PARIS, LE 11 Janvier 1974

JM/HJ

Monsieur Albert RUSSO
25, Bld de la Somme
75017 - PARIS

Cher Monsieur,

Je vous remercie d'avoir eu l'obligeance de m'adresser votre livre. Il m'a vivement intéressé, mais je ne vous cache pas que votre personnalité m'interesse encore davantage.

Je vous ci-joint, un document sur la collection TERRE HUMAINE que je dirige chez PLON.

A partir de votre propre expérience en Rhodésie et en Afrique du Sud, souhaiteriez-vous que l'on discute d'un projet d'ouvrage ?

Veuillez agréer, Cher Monsieur, l'assurance de mes sentiments les meilleurs.

Jean MALAURIE
Directeur

Linguaphone

12, rue Lincoln - 75008 Paris - Tél. 359.30.74

A T T E S T A T I O N
=======================

Je soussignée Françoise LACHIVER RULE, Responsable Pédagogique de la Société LINGUAPHONE, 12, rue Lincoln PARIS 8ᵉ, certifie que Monsieur Albert RUSSO est employé dans notre Société depuis le 2 Avril 1973.

Nous apprécions ses services tant au niveau linguistique qu'au niveau des contacts humains.

L'Anglais, le Français et l'Italien sont les trois langues qu'il dispense avec succès à la clientèle adulte de LINGUAPHONE.

En outre, il parle couramment l'Espagnol et l'Allemand.

La richesse de son expérience, symbolique d'une élite-contemporaine, permet à Monsieur RUSSO de s'adapter aux exigences de l'enseignement aux adultes et au niveau intellectuel de la majorité de nos élèves.

Nous sommes profondément satisfaits de l'avoir parmi nous et nous espérons que son travail le stimule suffisamment pour qu'il reste à LINGUAPHONE.

Fait à PARIS, le 28 JANVIER 1975

Le Responsable Pédagogique

Françoise LACHIVER RULE

25

St. Martin's Press
INCORPORATED

Dear Ms. Roemer,

There is no doubt that <u>Albert Russo</u> is a remarkable writer. <u>MIXED BLOOD</u> is beautifully written and the story itself is heartbreaking and hopeful at the same time. Russo does an exceptional job taking on the three, very different voices of Leo, Harry and Mama Malkia and the various conflicts of sexuality, race and <u>religion are skillfully interwoven</u>. It is a strangely moving story.

Sadly, I am afraid I will not be able to take on this novel, as much as I think it is worthy of publication. My fear is that such a literary book would become totally lost on St. Martin's very commercial list and I am concerned that we would not be able to reach the appropriate audience.

I very much appreciate you sending the manuscript in to me and wish Mr. Russo the best of luck with this novel.

Best wishes,

Robert Weil

LN MAURICE NADEAU
LES LETTRES NOUVELLES

43, RUE DU TEMPLE 75004 PARIS.
TÉL. 277.45.09.

C.C.P. 649 06 F
R.C. 79 B 2286

26 février '88

Cher Monsieur,

L'ONU a tué papa est un roman qui m'intéresse par tous les problèmes importants qui y sont débattus et il se lit agréablement. Je le crois destiné à un éditeur ayant une plus large surface commerciale que moi.

Je vous remercie de votre confiance et vous adresse ma très vive sympathie.

Maurice Nadeau

P.O. Box 398 • Baldwin Place, N.Y. 10505 • Stephen Baily, Editor

9/21

Dear Albert—

<u>Triality is splendid.</u>
I read it right after you left, and was filled with admiration, particularly for the prose, which seemed to me beyond question firstrate. If you want my opinion you're crazy if you don't go on with it.

With your permission, I'd like to print all four chapters in the next issue; they run pretty long, but I don't care—if I have to add more pages to the magazine, I will. Do you have any idea how long the completed book will be? Maybe we could run the whole thing serially as you write it. Let me know what you think.

I spoke to my father about the children's book idea, and he was definitely interested. The next step, I suppose, would be for you to do us a rough rendering of the story in English, or even just a synopsis, so we can get an idea of the content, the kind of illustration that would be needed, and so on.

Let's see, what else. I'm enclosing the letter we spoke about, written in what I hope is a suitably intimidating style. If I can do anything else for you in this line, let me know, and I'll be happy to ··· oblige.

By the end of the week I should have the rest of chapter two of DP on the way to you. In the meantime, buck up—get some sleep and don't sweat it, those idiots in the immigration will come around and if they don't I'll write to my Congressman, we'll start a stink —print up a couple of thousand flyers—scatter.. them around town—we'll turn you into a cause celebre if it comes to that.

It goes without saying that Ruth and I were delight to meet you. Hope we can get together again soon.

                          Be well,

I hope you'll forgive me for taking so long to read "<u>Princes and Gods</u>", but I just couldn't do it, I couldn't read anything. I read it yesterday, though, and was very impressed. It seemed to me a lot more complex than your other books, very rich in detail and very well handled, especially the politics. Even though I knew how it was going to end—because you told me the story—I was still sitting on the edge of my chair at the end, which I thought was tensely and beautifully done. Is your agent having any luck with it? I hope so. There's one small mistake by the way: Oswald couldn't have been in the Peace Corps in 1960. The Peace Corps was started by Kennedy, who wasn't elected till the end of 1960, and didn't take office till 61. But that's trivial. It's really a very impressive book. You say you're writing another novel now— are you writing it in English or French? My own novel's coming along very painfully—I've been working on it for over a year now, and have finally managed to finish a few pages. In half a century or so it should be done.

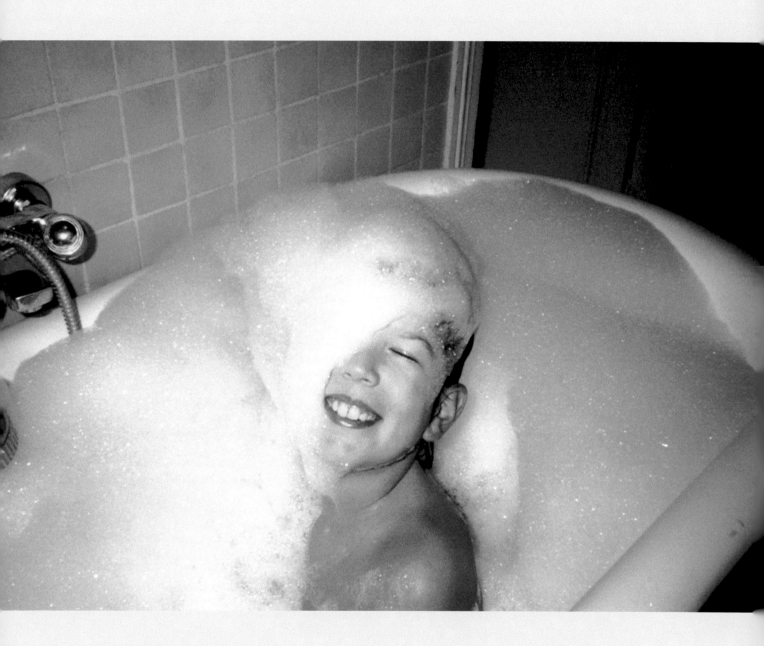

Université de la Sorbonne Nouvelle
Centre de Recherches Afro-Américaines et des Nouvelles Littératures en Anglais

Prof. Michel Fabre
Institut du Monde Anglophone - 5, rue de l'Ecole de Médecine, 75006 Paris
Tel. (1) 43 26 45 96   Fax (1) 43 25 74 71

25/11/90

GAI PIED HEBDO
45 Rue Sedaine
75557   PARIS Cedex 11
Tel: 43 57.52.05

8 NOV 90

Cher Albert Russo,

Suite à notre récente conversation téléphonique, je vous confirme l'invitation de venir parler à nos étudiants de doctorat de votre dernier roman, SANG MELE, et de la situation de l'écrivain "international", -- dans votre cas plus spécifiquement de l'écriture européenne sur l'Afrique et les cultures marginalisées. Ceci entre tout à fait dans la problématique critique que nous abordons cette année.

Je vous attends donc le mercredi 19 décembre de 17 à 19 heures.

Je vous remercie d'avance de votre aimable collaboration et vous prie de croire à mes meilleurs sentiments,

---

S ang mêlé ou Ton fils Léopold est le roman. très revigorant. d'Albert Russo. un écrivain belge. Des questions capitales et un thème sensible: l'adoption d'un enfant métis par un Americain homosexuel. dans le Congo belge des années cinquante. Le découpage du récit permet aux trois protagonistes d'éclairer cette histoire d'amour peu ordinaire.

Leo. le garçon de sang mêlé et de parents inconnus. raconte son enfance: l'amour que lui portent Harry son père adoptif et Mama Malkia sa nourrice noire. Il se remémore tout particulièrement le choc douloureux de deux révélations simultanées: sa propre sexualité et l'homosexualité de son père. Sebastien, un camarade plus âge. «montre» son sexe en érection à Leo et l'entraine. «pour voir». chez une prostituée noire.

A l'instant le plus jeune conait les frissons sensuels d'une experience toute nouvelle, Sébastien l'initie plus gravement: «-- Mmmm... murmura-t-il, enfonçant son pénis gonflé en elle.
- Petite putain, dit-il en reprenant son souffle. Léopold a un papa américain. c'est un pédéraste. il ne sait pas ce qu'il rate. le pauvre.» Paroles terrifiantes dont il faut que l'enfant s'accommode à l'instant où ses pulsions erotiques se précisent. Harry. le père, narre à son tour ses liaisons avec des hommes et les angoisses qui le harcelent alors qu'il veut donner tout le bonheur possible à son fils. Enfin. Mama Malkia. la toute femme noire qui enveloppe de sa tendresse efficace les deux hommes marginaux. relate sa separation d'avec Léo qui part poursuivre ses études aux Etats-Unis et la mort de Harry abattu lors des événements de l'Independance du Congo.

Sang mêlé est un excellent roman qui immerge l'homosexualité dans un pays et des circonstances historiques précis et décrit exactement et sans complaisance une vie d'homosexuel. assumée jusqu'à s'accomplir dans la paternité, alors qu'elle est exposée aux sarcasmes des colons blancs. Roman de toutes les douleurs et de tous les combats suscités par «les» différences qu'elles soient sexuelles. sociales. raciales. Sang mêlé n'est jamais tragique mais toujours violent. C'est une incitation au courage: affirmer sa liberté, ne pas masquer la verité, ne pas faire le jeu sournois de la culpabilité. Un roman fort, très bien écrit, un hymne optimiste.

Sang mêlé ou ton fils Léopold de Albert Russo, éditions du Griot (34 rue Yves Kermen, 92100 Boulogne), 105 F.

HUGO MARSAN

IBM E 058

---

doit la production est devenue sans rapport avec ce que l'on écrit.»

La gloire ne la surprend pas. Elle prend son entrée à l'Académie française comme une chose normale. Elle ne s'abaisse d'ailleurs pas à faire la tournée des académiciens pour quémander leur voix. Ces messieurs, fâchés d'être snobés et de s'être laissés aller à coopter une femme, lui réservent un accueil plutôt froid. Amusant, d'observer les contorsions auxquelles ils se livrent pour expliquer leur audace : Marguerite Yourcenar n'est pas vraiment une femme, disent-ils, et son écriture est virile. Dernière muflerie de la digne assemblée : elle ne daigne pas se faire représenter aux obsèques de l'académicienne. Qui leur avait par avance rendu la monnaie de leur pièce. Questionnée sur l'Académie, elle avait déclaré : «J'y suis allée une fois. Ce sont de vieux gamins qui s'amusent ensemble le jeudi. Je crois qu'une femme n'a pas grand-chose à faire.»

Ce caractère ombrageux était compensé par un humanisme et une grande attention aux autres. Qui l'ont largement payée de retour. Ainsi l'amour à toute épreuve de Grace Frick, la longue amitié de Nathalie Barney et de quelques-uns de ses pairs ou la patience de Gaston Gallimard.

Marguerite Yourcenar, le roman d'une vie passionnante, qui donne envie de lire ses livres; et ce n'est pas la moindre valeur de cet ouvrage.
Madeleine Joye
□ Josyane Savigneau. *Marguerite Yourcenar*. Gallimard

Albert Russo
Histoire d'une adoption

■ Congo belge des années 50. Les premiers frémissements de la décolonisation. Léopold, un jeune métis, est adopté par un Américain, Harry Wilson et sa servante Mama Malkia. Mais tout se complique et s'envenime lorsque dans la ville on apprend que Harry est homosexuel.

Livre à trois voix où chaque protagoniste raconte, selon son optique, sa sensibilité, sa culture, surtout, les avatars navrants ou heureux de cette adoption. Nous suivons l'itinéraire incertain et périlleux de Léopold qui fait l'apprentissage problématique de sa différence. Il apprendra, sous l'impulsion de son père adoptif et de sa nourrice, à la défendre, puis à la cultiver.

Récit aussi d'une éducation où s'affrontent nécessairement deux cultures, chacune avec sa part de bonheur, ses blessures et ses risques.

Albert Russo, écrivain belge, est né au Zaïre et a passé toute sa jeunesse sur ce continent africain dont il sait si bien nous traduire ici le climat et les passions. Mais c'est aussi la description imagée et pittoresque, en un milieu particulier, de ses mœurs et des coutumes en usage, d'une manière de penser et de vivre. Presque un morceau d'ethnologie.
J.-B. Mx

□ Albert Russo: *Sang mêlé ou ton fils Léopold*. Editions du Griot.

La Liberté dimanche (Suite)

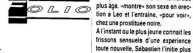

CHOIX

■ Les choix d'Illico, toujours en librairie.
La confession dans les collines, d'Angelo Rinaldi. Gallimard
Les quartiers d'hiver, de Jean-Noel Pancrazi. Gallimard
Les frères Romance, de Jean Colombier. Calmann-Lévy
Le labyrinthe au coucher du soleil, d'Hugo Marsan. Ramsay
Le médecin de Lord Byron, de Paul West. Rivages
● *Sang mêlé*, d'Albert Russo. Ed du Griot
Albucius, de Pascal Quignard. POL
De la masturbation, de M Emme. Ramsay
Marguerite Yourcenar, de Josyane Savigneau. Gallimard
L'histoire des Mœurs (t1) ouvrage collectif. La Pléiade

PiERRE DUDAN   R. 27.1.75
57 av. de l'Europe
78160 MARLY-LE-ROI

1.1.75

Vif merci, cher Monsieur,
pour votre "Pointe du Diable"
que je viens de dévorer.
On voudrait que ce livre
eût mille pages. On s'y
attache par les fibres les
plus sensibles de son être
avoué et inavoué.
Son climat envoûte et
encharme.
Si vous en avez l'occasion,
dites mon bon souvenir

MINISTÈRE
DE LA COMMUNAUTÉ FRANÇAISE

BRUXELLES, LE **5 -11- 1990**

CELLULE "FIN DE SIECLE"
7, rue Stevens - 21e étage
1000 BRUXELLES
Tél. 02 / 518.14.44

Monsieur Albert Russo
Boîte postale 640

F. 75826   PARIS CEDEX 17
France

Monsieur,

J'ai bien reçu votre ouvrage <u>Sang mêlé</u> que vous m'avez
dédicacé le 14 octobre dernier, et je vous en remercie très sincèrement.

J'ai lu avec beaucoup d'intérêt cet ouvrage dont me frappe
la dimension d'authenticité. Il y a dans ce texte une profonde
humanité et en même temps une évocation 'buverte" de l'ancienne
colonie, assez rare dans ce genre de littérature.

La vie étant curieuse, j'ai eu le plaisir de constater
que vous faisiez allusion dans ce livre à l'épisode Msiri, épisode
que je connais puisque mon meilleur ami de collège, qui était peintre
est parti depuis 15 ans en Afrique et s'est précisément installé
à Bunkaya. Si ma mémoire est bonne, les gens du lieu comptent
fêter l'an prochain l'anniversaire de la mort d'Msiri qui reste
pour eux une figure légendaire, dont l'aspect de cruauté souligné
par vous paraît s'être retiré des mémoires , et qui doit apparaître,
malgré tout, comme une victime de l'impérialisme colonial.

ZAÏRE

Hebdomadaire de l'Afrique centrale.
Direction - Administration - Rédaction : 12/c Avenue Ruakadingi
B. P. 8203 Kinshasa 1 /R.Z.
Téléphone : 23202 - Télex :
Banque de Kinshasa no O. 102.527.9

Cher Monsieur Russo,

Nous accusons bonne réception de votre lettre
du 10 avril ainsi que d'un exemplaire de votre roman "La pointe
du diable" et vous en remercions.

Nous vous faisons parvenir par courrier sé-
paré, un exemplaire de notre journal dans lequel vous trouverez
en page 47 la recension de votre livre.

Nous vous en souhaitons bonne réception et
vous prions d'agréer, cher Monsieur Russo, l'assurance de nos
sentiments les meilleurs.-

Radio france

C.L.A.I.R..D.E..N.U.I.T..0H05

FRANCE CULTURE

Jean Couturier-Irène Omélianenko

11.11.1990 nuit du samedi au dimanche

Entretien avec ALBERT RUSSO, écrivain anglo-italien né au Zaïre,

qui confie dans Sang mêlé(Editions du Griot) beaucoup de ses

souvenirs dans un congo belge colonial où se mêlent les

couleurs du kitenge de mama Malkia, les souffrances d'un père

homosexuel et un regard "cuivre et miel".

New Le

A Continuation of the University Pr

IVERSITY OF MISSOURI-KANSAS CITY   Office of the E

                                                    5100 Rockhi
January 24, 1990   Kansas City, Missouri
FOR IMMEDIATE RELEASE   Telephone 816-27

INTERNATIONAL WRITER ALBERT RUSSO IS FEATURED ON THE NEXT

NEW LETTERS ON THE AIR

     Albert Russo's writing has been referred to as "... that of a poet
wounded by the claws of a ferocious society." James Baldwin says Russo's
writing "... has a very gentle surface and a savage undertow." On the
next edition of New Letters on the Air Albert Russo reads from his novel,
Mixed Blood. New Letters on the Air is the half-hour radio literature
program which can be picked up by National Public Radio affiliate stations,
free of charge, off the NPR satellite Fridays at 3:30 p.m. EST. Local
stations determine airtime. This program airs February 9.

     Albert Russo writes in both French and English and speaks fluently
English, French, Italian, Spanish and German. His works have appeared in
Great Britain, India, Sri Lanka, Africa and Australia. Russo's fiction has
been translated into German, Greek and Turkish. He was born in Zaire and
currently lives in Paris. Russo is listed in The World's Who's Who,
European Who's Who and International Authors and Writers Who's Who. On the
next New Letters on the Air Russo reads from his novel based on his
experiences while being raised in Central and Southern Africa. Russo was
interviewed in Paris by New Letters on the Air producer Rebekah Presson.

     Partial funding of New Letters on the Air comes from the Missouri Arts
Council and the National Endowment for the Arts. For more information or
for a free copy of the New Letters on the Air catalogue listing more than
300 programs available on cassette, contact Janice Woolery at (816) 276-
1159 or 276-1168.

Hermanus 1945

51

UNVEILING
A LITERARY PUBLICATION
P. O. BOX 170 ROCKEFELLER CENTER STA.
NEW YORK, N.Y. 10185

ALBERT RUSSO
B. P. 573
75826 PARIS CEDEX 17
FRANCE

Febrero 1986

PRESS RELEASE

La revista literaria UNVEILING, que se publica en Nueva York por un grupo de escritores cubanos exiliados, ha anunciado los ganadores del concurso literario "Unveiling, Tercer Aniversario".

En la categoría de Poesía, el jurado compuesto por Carlota Caulfield, poeta y directora de la revista literaria "El Gato Tuerto", Ninoska Pérez Castellón, poeta y Kimberly Coale, directora de la revista literaria "Légèreté", otorgó el primer premio a Albert Russo, poeta belga de origen anglo-italiano, residiendo en Francia actualmente, y una mención de honor a Roberto García, cubano exiliado, que vive en Nueva York.

Albert Russo ha ganado anteriormente otros premios literarios , como el Prix de poésie Reqain (Montecarlo, 1971), Prix Colette, Biennale Azuréenne, Cannes (1974) y otros.

Los poemas de estos dos ganadores aparecerán en el próximo número de la revista "UNVEILING".

En las categorías de Cuento y Dibujo, el jurado decidió dejar desierto estos premios.

Dear Mr. Russo:

I am pleased to notify you have won our literary contest. We need a written affidavit that you own the copyrights of the poems you sent us, and you authorize its publication in our next issue. Upon receipt of this affidavit we will send you the $100.00 prize.

We appreciate your participation in our contest and we wish you a continued success.

Sincerely,

Ismael Lorenzo
Editor

«SANG MELE» d'Albert Russo

par Monique Langbord

ALBERT RUSSO est né au Zaïre, d'un père italien et d'une mère rhodésienne.
Il passe toute sa jeunesse sur le continent africain, l'ex congo belge, l'ancienne Rhodésie, l'Afrique du Sud et le Burundi.
Il fait ses études universitaires aux Etats-Unis, puis à Heidelberg.
Il parle couramment cinq langues. Pour le moment, il réside à Paris.
Il publie aussi bien en français qu'en anglais. L'UNICEF lui demande de participer à la fabrication de films.
La BBC met en ondes plusieurs de ses nouvelles. La télévision belge reprend ses adaptations de pièces écrites par Pertwee et Rayburn.
Mais, ALBERT RUSSO est avant tout un écrivain fécond. Il écrit romans, nouvelles, poèmes. De nombreux prix d'origine française et de très nombreux «Awards for poetry, long fiction, journalism,» etc... décernés par les Anglo-Saxons ont couronné son œuvre.

De lui, James Baldwin dit: «J'aime votre écriture, car dans un style policé vous exprimez des sentiments violents, faisant éclater des vérités terrifiantes. Vous dérangez sans en avoir l'air.»

Basé sur des faits rèels, «SANG MELE» a pour cadre le Congo Belge.

A travers ce roman intimiste et poignant, ALBERT RUSSO nous offre un témoignage rare sur l'époque coloniale.

L'action se déroule donc dans le Congo Belge des années cinquante.

C'est l'histoire de Léopold Kitoko Wilson au temps de la colonie. Le roman se compose de trois parties et les faits sont relatés dans cet ordre: d'abord par Léo, l'enfant métis, puis par Harry Wilson, son père adoptif, un Américain du Maryland et enfin par la dominatrice Mama Malkia, la nourrice congolaise de Léo.

Léo fréquente le collège Saint-François et mène la vie d'un petit européen. Mais il se sait différent des autres et ses compagnons de classe ne manquent pas de le lui faire sentir.

Ce qu'il préférerait, c'est être ou tout blanc ou tout noir...

Léo vit entouré de l'amour de Harry Wilson et de Mama Malkia. Le drame éclate lorsqu'il découvre brutalement que son père adoptif est un homosexuel.

La seconde partie du roman nous révèle seulement par quelles circonstances Wilson est venu s'installer en Afrique. Nous revivons alors toute cette atmosphère du Congo Belge durant la seconde guerre mondiale.

Le troisième volet nous parle surtout de Mama Malkia.

Quant à l'épilogue, il est conté par mama Malkia qui nous décrit la déchirante séparation d'avec Léo, parti aux Etats-Unis afin de poursuivre ses études.

Voilà dans l'ensemble le contenu de ce livre attachant et dont on a hâte de tourner les pages pour en connaître la suite. ■

ALBERT RUSSO
B.P. 640
75826 PARIS CEDEX 17
France

Albert Russo : une œuvre couronnée de nombreux prix.

En guise de cadeau, je vous offre un poème écrit de la main de l'auteur. Le poème s'intitule:

«DE LA CAVERNE AU LASER»
Le cœur est à gauche
Et la raison à droite
En fondant les deux
On obtient le pas de l'oie
La réalité veut le le cœur
N'aie jamais raison
Tandis que la raison, elle,
Parvient souvent à s'approprier le premier
C'est pour cela que le drame éclate
Car lui, il la perd, sa raison
Et elle, elle s'en réjouit
Qui n'a plus besoin du cœur
Cette équation est aussi vieille que l'histoire
Mais les choses que l'homme a créées
L'ont à ce point assujetti
Qu'il confond, loi et graffiti.

«SANG MELE»,
Albert Russo
Editions du Griot.

LES NOMADES ONT-ILS TOUS DISPARU ?

Il y a tant de rage dans ces jeunes yeux
Rage mêlée de peine comme un rocher
Qui s'arrache de la cime millénaire
Et vient s'abîmer sur une plage déserte
Peine d'une enfance sans larmes
Où se cacher n'est pas un jeu
Où les regards des adultes s'illuminent
À la découverte d'une réserve de munitions
Ou papa, l'oncle Roméro et le cousin José
Partis pour une reconnaissance de deux jours
Ne sont jamais rentrés
Où les murmures de la nuit sont ponctués
Des crépitements de mitraillettes
Il y a cette sourde musique que font les cigales
Pour bercer la peur d'un cœur si jeune
Et le chant du coq pour la ranimer
Un cœur de huit ans rétréci par tant de haine
Mais il y a ce cœur
Et seule une balle peut l'anéantir

IBM F 058

EDITIONS DU GRIOT
34, RUE YVES KERMEN 92100 BOULOGNE
Tél. : 46 05 13 05

Diffusion / Distribution
CED / EA DIFF
72, quai des Carrières 94220 CHARENTON

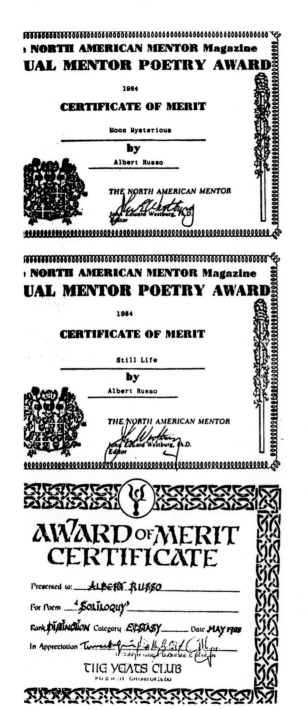

NORTH AMERICAN MENTOR Magazine
UAL MENTOR POETRY AWARD
1984

CERTIFICATE OF MERIT

Moon Mysterious

by

Albert Russo

THE NORTH AMERICAN MENTOR

John Edward Westburg, Ph.D.
Editor

NORTH AMERICAN MENTOR Magazine
UAL MENTOR POETRY AWARD
1984

CERTIFICATE OF MERIT

Still Life

by

Albert Russo

THE NORTH AMERICAN MENTOR

John Edward Westburg, Ph.D.
Editor

AWARD OF MERIT CERTIFICATE

Presented to: ALBERT RUSSO

For Poem "SOLILOQUY"

Rank DISTINCTION Category ECSTASY Date MAY 1988

In Appreciation

THE YEATS CLUB

THE MUSE COMPETITIONS
PEARL MUSE AWARD

Presented to

Albert Russo

for the poem

Call of the Falasha

HONORABLE MENTION
Date January 5, 1962

CERTIFICATE OF MERIT

Awarded to

Albert Russo

for the poem

Cormorant of Yangshuo

by

THE MUSE COMPETITIONS

Date January 5, 1962

THE MUSE COMPETITIONS
PEARL MUSE AWARD

Presented to

Albert Russo

for the poem

Homo Nipponicus

HONORABLE MENTION
Date January 5, 1962

63

"L'Europe à Livre Ouvert" est une initiative originale du Conseil Général de la Vienne présidé par **René Monory**. *Le principe de cette manifestation est de* **rassembler dans notre département, au cours du mois de novembre, des écrivains représentatifs des partenaires européens de la Vienne venant de 8 pays différents :**

Anna Langhoff et Thomas Plaichinger (Allemagne), Francis Dannemark et Albert Russo (Belgique), Marina Warner (Grande-Bretagne), Tibor Nemes (Hongrie), John Montague (Irlande), Urszula Koziol (Pologne), Maria Isabel Barreno et Al Berto (Portugal) et Jirí Dedecek (République Tchèque). Ces auteurs sont tous francophones.

Vous êtes invités *à venir les* **rencontrer** *à travers les lectures, dialogues et tables rondes, qui auront lieu dans les bibliothèques, les établissements scolaires, les foyers ruraux et de nombreux autres lieux du département.*

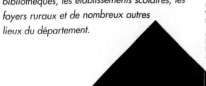

Marina WARNER

Née en 1946, anglaise, mais de mère italienne, Marina Warner vit à Londres.
Écrivain britannique de grand renom, elle est également critique d'art et de littérature (The Times Literary Supplement, The London Review of Books, The Independent on Sunday, The New-York Times), et collabore fréquemment à des émissions de radio ou de télévision.
Auteur d'essais historiques et culturels, romancière aussi, elle a publié deux ouvrages en français, ainsi que quelques histoires pour enfants.
Seule entre toutes les femmes (le mythe et le culte de la vierge Marie Essai) Ed. Rivages (1989)
Un père égaré, Roman, Ed. Julliard (1991)
Marina WARNER a été nommée pour le prix Booker (1988), et a reçu le Macmillan Silver Pen Award, et le Commonwealth Writers'Prize (Eurasie 1989).

John MONTAGUE

Né à New-York en 1929... mais de nationalité irlandaise, John Montague est professeur de littérature à la Faculté de Cork. Il porte un intérêt particulier à la culture gaélique et aux grandes figures littéraires irlandaises : Yeats, Samuel Beckett, James Joyce...
Auteur de nombreux recueils de poèmes, de nouvelles, d'essais, il a publié deux ouvrages en France, où il a vécu dix ans :
La Langue Greffée, Ed. Belin (1989)
Amours Marées, Ed. William Blake (1989)
John Montague a reçu diverses distinctions, dont le prix de la Fondation Guggenheim.

Albert RUSSO

D'ascendance anglaise par sa mère, italienne par son père, né au Zaïre, en 1943, vivant actuellement à Paris, Albert Russo est de nationalité belge. Véritable «citoyen du monde» Albert Russo est un passionné d'échanges et de dialogues.
Ses ouvrages, écrits en français et en anglais témoignent de son engagement en faveur du bi- et du plurilinguisme.
Albert Russo a publié de nombreux textes notamment aux Etats-Unis et en Angleterre ainsi que 4 ouvrages chez des éditeurs français :
Mosaïques Newyorkaises, Ed. Athanor (1975)
Sang mêlé ou ton fils Léopold, Ed. du Griot (1990)
Le cap des illusions, Ed. du Griot (1991)
Dans la nuit bleu-fauve, Ed. Le Nouvel Athanor (1992)
Albert Russo a reçu le Prix Colette et le Prix American Society of Writers Fiction Award.

AL BERTO (Alberto Raposo Pidwell Tavares)

Né à Coimbra (Portugal) en 1948, a vécu quelques années à Bruxelles où il écrivit directement en français ses premiers textes et ouvrages.
Après avoir réuni une importante partie de son oeuvre poétique dans un seul volume **O Medo** ("La peur"), couronné par le prestigieux Prix Pen Club de Poésie en 1988, Al Berto vient de publier son premier recueil de poésie chez un éditeur français :
La peur et les signes, Ed. de l'Escampette (1993).
Aujourd'hui Directeur du Centre Culturel de la Ville de Sines (au sud de Lisbonne), il s'intéresse particulièrement à "l'histoire tragico-maritime" du Portugal et à ses gloires littéraires, de Camoëns à Pessoa.

Maria Isabel BARRENO

Portugaise, Maria Isabel Barreno est née en 1939 à Lisbonne où elle vit aujourd'hui.
Rédactrice en chef de l'édition portugaise de **Marie-Claire** pendant 3 années, elle poursuit aujourd'hui une carrière, extrêmement active dans le domaine des recherches sociologiques, du journalisme, de la création.
Parmi ses ouvrages consacrés, pour l'essentiel, à l'univers féminin, deux ont été publiés en français :
La disparition de la mère, Ed. des femmes (1985)
Nouvelles lettres portugaises, Ed. du Seuil (1974)
En 1990, le prix Namora lui a été attribué pour son roman **Cronica do tempo**.

"L'Europe à Livre Ouvert"
est une opération coordonnée par la
Mission Europe
du Conseil Général de la Vienne

avec le soutien de son partenaire

Le Crédit Agricole

Le bon sens

et de

CRDP de POITOU-CHARENTES

En collaboration avec la Bibliothèque Départementale de Prêt, la Direction de l'Action Culturelle du Conseil Général et l'Inspection Académique de la Vienne en relation avec les associations : "les Amis de la B.D.P." et "Table d'Hôtes".

"L'Europe à Livre Ouvert" a reçu le parrainage du Ministère des Affaires Etrangères, du Secrétariat d'Etat aux Affaires Européennes, de la Communauté Européenne, de la DRAC et de l'Action Culturelle du Rectorat.

KathyAcker ShelaghAlexander J.G.Ballard Jear
LisaBaumgardner JanetBellotto MauriceBlanch
BrianBoigon ChristianBoltanski NicoleBrossard
ChrisBurden DavidBurgess WilliamBurroughs N
RogerCaillois AngelaCarter MattCohen RobinCc
DavidCronenberg GaryMichaelDault TomDean C
Devo ChrisDewdney JudithDoyle JamesDunn
MargueriteDuras RobertFlack MichelFoucault L
NorthropFrye BuckminsterFuller JohnKennethG
EduardoGaleano EldonGarnet FredGaysek Gene
RonGeyshick WilliamGibson BaronvonGloeden I
DavidGreenberger FélixGuattari PierreGuyota H
NinaHagen LilianaHeker JennyHolzer FredericJ
NancyJohnson MichaelKieran MarkKingwell As
Komar+Melamid Kraftwerk ChrisKraus Arthur+I
Kroker DavidLake LouiseLawler DavidLiss Sylvé
DonnaLypchuk GerardMalanga PatrickMata Bru
JohnBentleyMays RussMeyer LolaMichael Philip
DavidNash P.L.Noble AndrewJamesPaterson Ge
RogerPeyrefitte FrancisPonge JeanneRandolph
Grillet AlbertRusso TerenceSellers WilloughbyS
TomSherman PattiSmith MichaelSnow SusanSp
TonySchwartz LynneTillman DotTuer PaulVirilio
AndreaWard AndyWarhol JohnWaters SimonWat
ChristopherWebber BrianWeil RodneyWerden
CarolynWhite JoyceWieland AlexanderWilson
JamesWines Joel-PeterWitkin KrzystofWodiczkc

CONGO BELGE ET RUANDA-URUNDI

ATHÉNÉE ROYAL
SECTION D'ATHÉNÉE DE Usumbura

Nous Président du Jury de l'examen de sortie des études moyennes du degré *supérieur*

préfet des études, professeurs de l'Athénée Royal de *Usumbura* et membres dudit Jury.

la Section d'Athénée

Attendu que M **Russo Albert** né à *Kamina* le *26-2-1943*

a subi l'examen de sortie de la classe de *première* des Humanités *Modernes* division *économique*

Vu la somme des points obtenus dans cet examen et dans les travaux de l'année,

Avons délivré et délivrons à M **Russo Albert** le présent diplôme

attestant qu' *il* a fait avec **grand fruit** les études du cycle *supérieur*

des Humanités *Modernes* division *économique* comprenant *Morale, Français,*
Néerlandais, Anglais, Allemand, Histoire, Géographie, Mathématiques, Sciences
naturelles, Sciences économiques, Éducation physique, Éducation

et qu' a suivi, en outre, pendant année(s), avec —————— le(s) cours facultatif(s) de ——————

Usumbura, le *24 juin* 1960

Les Examinateurs.

Le Président du Jury.

The American Society of Writers

AWARD

for

DISTINGUISHED LITERARY ACHIEVEMENT

Presented this __10th__ day of _____January_____, 19 77

to

ALBERT RUSSO

Robert deForrest Shelby, Executive Director   _Eileen Nixon, Secretary_

---

the volcano review

peninhand press
142 Sutter Creek Canyon
Volcano, California 95689

for the hometown in you...

April 9, 1984

"Your son, Leopold" by Albert Russo
has been awarded a prize of $75.00 as the
best story in an international "long fiction"
contest held by The Volcano Review, a
small press literary and arts magazine, and
sponsored by the National Endowment for
the Arts, and will be published in the forth-
coming book, "All Stories, All Kinds."

Tom Janisse
Editor & Publisher

AMELIA

March 20, 1986

Dear Albert Russo:

Congratulations! I'm sorry it has taken so long to announce the winner of our Charles Katzman Award, but I'm pleased to inform you that "In the Cradle of Serendib" will appear in our summer issue. I am enclosing those photo copies for which I would appreciate your sending me usable copies, preferably glossy, no smaller than 5x7". Enclosed, too, is our check in the amount of $100. You will receive five contributor copies when the piece appears. You may send the photos along with those for your poem if you'd like, and also please include an updated bio. My thanks, and welcome again to Amelia.

Sincerely,

Frederick A. Raborg, Jr., Editor
AMELIA Magazine
329 "E" Street
Bakersfield, California 93304

1976-77 _____

The American Society of Writers

This is to certify that

ALBERT RUSSO

having demonstrated to the satisfaction of The Society both a talent and proficiency in the literary arts, is hereby duly accredited as a member of the American Society of Writers and is entitled to all benefits, privileges and professional courtesies derived therefrom.

Issued this 16th day of ____August____, 19 76

Certificate of Membership

THE AMERICAN
ASW
SOCIETY OF WRITERS
Signature of Member

Robert F. Shelby, Executive Director
Eileen Nixon, Secretary

UNVEILING

A LITERARY PUBLICATION
P.O. BOX 170 ROCKEFELLER CENTER STA.
NEW YORK, N.Y. 10185

NY, February 15, 1986

Albert Russo
B.P. 573
75826 Paris Cedex 17
France

Dear Mr. Russo:

I am pleased to notify you have won our literary contest. We need a written affidavit that you own the copyrights of the poems you sent us, and you authorize its publication in our next issue. Upon receipt of this affidavit we will send you the $100.00 prize.

We appreciate your participation in our content and we wish you a

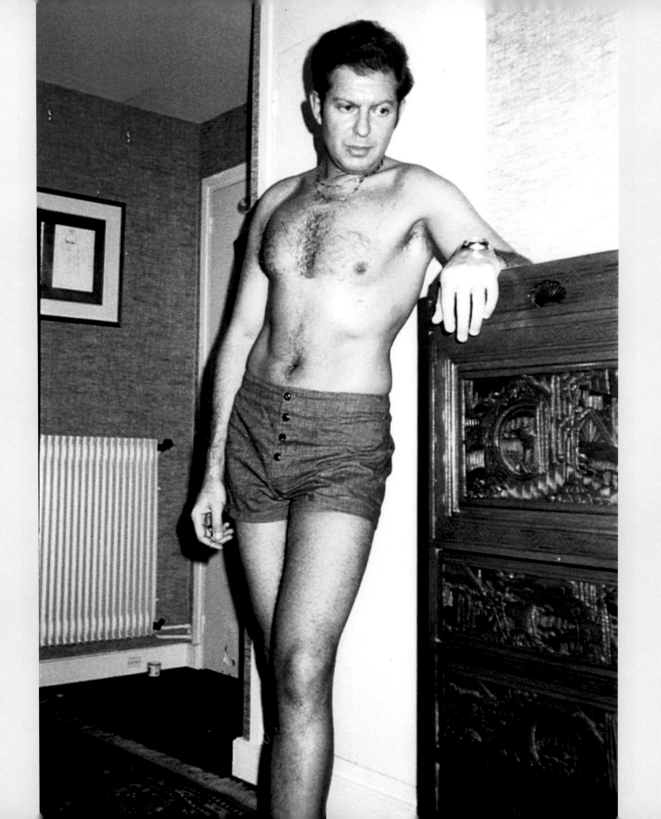

Trial by Jury: From the Inside

by Albert Russo

PARIS — I got a phone call this spring from the president of the Association des Écrivains de Langue Française — the Association of French-Speaking Authors — inviting me to figure on the panel of the newly instituted Prix de l'Europe. My being a bilingual writer — a rare and often suspect bird — was one reason I had been selected.

The award would honor a published work of literary or historic merit written in French by an author whose mother tongue was not French and whose country of origin lay outside the Francophone community. The prize, worth 2,000 francs (a bit less than $300), is sponsored by the Association of French-Speaking Authors and by Culture Française, a review issued by the Agence de Coopération Culturelle et Technique, a French government agency.

Coming from Robert Cornevin, the president of the association — himself an eminent historian and Third World specialist — this invitation made me tingle with excitement. Not only would I be contributing to the recognition of unjustly neglected proponents of French culture in its broadest sense, but I would sit on a par with Eugène Ionesco, the precursor of the Antitheater, as well as with other authors and intellectuals of repute.

Nineteen books, several of which were around 500 pages long, had been entered in the contest. The variety of topics extended from pure fiction and essays to historic accounts and a mutilingual anthology of poetry spanning three millennia. Among the titles were "Memoirs of an Astronaut;" "Al Brown," a biography of the Panamanian boxer by the Spanish artist Eduardo Arroyo; "The Lilacs Bloom in Warsaw," a saga encompassing three generations of Poles from World War II up to the birth of the Solidarity labor movement in 1980; "Linguistic Policies in the Cameroons under German, British and French Colonial Rule;" "Feminism and the School of Saint-Simon," and "The Dutch on the Coast of Guinea," a history of the gold and slave trades between 1680 and 1740. There were also a philosophical essay, a novel by Jorge Semprun — the screenwriter of "Z" and "The Confession" — and two heart-gripping war accounts that took place in Hungary, not to mention several collections of short stories.

The deliberation, early this summer, took place at Le Procope, Paris's oldest literary restaurant, in the Latin Quarter. To think that the Prix Goncourt was decided upon within similar restaurant walls stirred mixed feelings in me, for it is no secret that France's major fiction award is arranged to the point that one would assume it is a publisher's contest rather than an author's. But the president of the Association of French-Speaking Authors had reassured me regarding the procedure for our prize: The balloting would indeed be secret and I wouldn't be submitted to pressures of any kind.

I arrived at Le Procope half an hour early. "You are the first of the party," stated the waiter, leading me to an oblong, pastel-colored room on the first floor. A quarter past 12. Anxiety. A diminutive, gray-haired, neatly clad, twinkling-eyed personage approached me as I stood contemplating a plane-tree outside the window. Eugène Ionesco had no need to introduce himself, although he did. For some reason I expected him to be pot-bellied, unless my memory of newspaper photographs did not betray me and he had indeed slimmed down. Ordering a gin and tonic, he offered me a drink.

"An orange juice for me, please," I said. "I might otherwise go to sleep during the luncheon instead of deliberating."

"That would be very wise," he quipped. "Anyway," he said, "I've only read a few out of ...how many books were there?"

"But tell me," he went on, almost confidentially, "what's this new prize about? I attend so many panels ...and between one landing in Los Angeles and another in Tokyo, I refuse to open a book." He cut short my reply, showing more interest in my own background:

"Born in Zaire, lived in North America, Anglo-Italian ——," I said. "I'm more French than Romanian," he continued, "but," wagging a finger at the waiter bringing our drinks, "I had a Jewish grandmother." He kept wagging his finger even though the waiter had left the room. There was now a silence. We were sitting facing each other. While he sipped his gin and tonic his eyelids drooped.

His eyes still closed, Ionesco lifted his empty glass and articulated in a monotone: "They come up with so many new prizes nowadays. How about another gin and tonic?"

I beckoned the waiter, then stared at this little man with his scrawny, vulnerable neck who had fathered "The Rhinoceros," "The Chairs" and, of course, "The Bald Soprano."

"Prix de l'Europe, Prix de l'Europe," he repeated. "What does Europe have to do with it? It should be called Prix du Cosmos."

Upon which the president of the association appeared, accompanied by three panel members. Ionesco rose, etching a smile as the president made the introductions. Ten minutes later, with the exception of one member who couldn't be present and had cast a vote by mail, the panel was completed.

The luncheon opened in a friendly, intimate atmosphere. Composing the jury were Attilio Gaudio, an Italian journalist who knows Africa well and is a member of the Paris Institute of Anthropology; Jan Vladislav, a Czech writer-translator, recently exiled; Hélène Ahrweiler, a Greek professor of the Sorbonne; Maurice Zinoviev, a White Russian attached to the French Prime Minister's Office; Jean Brzekowski, a Polish intellectual, and Cornevin, our president. And, of course, Ionesco, an institution unto himself. Then there was me, looking back on the preparatory weeks filled with anxiety and feverish note-taking.

The hors d'oeuvre was being served and I had a tomato sherbet, unusual and refreshing. Our president took upon himself the bulk of the responsibilities. Initiator of the prize, he not only was the panel moderator but also had organized the luncheon, selecting the menu personally; an indefatigable servant of the arts in its broadest sense.

He invited each of us to voice our impressions on the competing works. Ionesco didn't beat about the bush and mentioned his favorite, Jean Blot's novel, "Gros du Ciel," recounting the experiences of a young United Nations diplomat — a piece that I had particularly liked but which didn't rank on the top of my list.

"As I told you before, between Los Angeles and the Caribbean I while away the time watching the firmament and trying to take a snooze," said the playwright without a trace of guilt. "I'm afraid some of these people had to be sacrificed."

It befell me to give Ionesco a summing up of the books he had only skimmed through. When I mentioned the names of two famous authors, Ionesco leaped up, called the one a "parfait imbécile" and accused the other of being a television dandy whose major pastime was to stand in the limelight. "Basta," he said, "they've had enough publicity, especially the dandy."

To his remark, Mrs. Ahrweiler commented with a pinch of humor, "He may be a dandy, Maître, but he does combine brains and good looks. Personally I find him terribly attractive."

Without transition, Ionesco asked her, "Where on earth is my wife?"

"She's expecting you, Maître," I ventured, "after the deliberations." Ionesco got up and requested a telephone. The waiter indicated one to him. The playwright picked up the receiver, left it out of its socket and returned to his seat. "Voilà!" he exclaimed.

We proceeded with the balloting. The president passed around the lists, and suggested that we choose at least five works, rating them by order of preference.

"I won't mark the others," Ionesco said. "I've already made my decision."

"It would be preferable, Maître," the president began, "if only to select the runners-up ... but of course, you do as you wish."

The lists traveled back to the president, who passed them on to Mrs. Ahrweiler to disclose the results. "The Lilacs Bloom in Warsaw," by Alice Parizeau, got four first places and three second places, winning by a large majority. I was beaming, for that had been my initial choice. Tied for second place were Semprun's "L'Algarabie" and a first novel, "Yovel," by Jacques Roth.

"Where are we?" asked Ionesco, turning to Mrs. Ahrweiler. "Maybe in Los Angeles, Maître," she joked. "Strange," he retorted, "there's a smell of Paris around here."

The president then gave us some biographical information concerning the winning author: born in Poland, lived for a while in France, lived in Canada the last 21 years, a professor of criminology at the University of Montreal, wife 'of Quebec's minister of finance.

"She was born in Ireland," Ionesco charged. The president looked at him aghast for a fraction of a second, then corrected him. "In Krakow, Maître."

"Not only is she partly Irish," Ionesco insisted, "but she's loaded and owns property in Spain." Seeing how ill at ease the president was and watching Ionesco's mock seriousness, I burst into laughter.

We encountered some problems deciding on the second prize. Since both Semprun's novel and "Yovel" had received the same number of votes, the question arose as to whether we should consider at all a writer whose fame had become international and who had already garnered several awards. A third of the panel agreed with Ionesco, putting thumbs down. We finally reached a compromise, nominating both books for the second place. Quality, we argued, ought to prevail, wherever it came from.

"Even in the absurd," Ionesco said, "structure is essential ...but won't someone tell me where my wife is?"

We had raspberries for dessert and crowned the luncheon with Cointreau. The prize will be awarded Oct. 25. ∎

No. 30,990   ESTABLISHED 1887

THE GLOBAL NEWSPAPER
Edited in Paris
Printed Simultaneously in
Paris, London, Zurich,
Hong Kong and Singapore

Herald Tribune
INTERNATIONAL

Published With The New York Times and The Washington Post

***

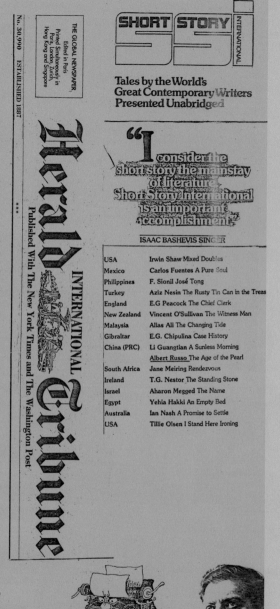

SHORT STORY INTERNATIONAL

Tales by the World's
Great Contemporary Writers
Presented Unabridged

"I consider the short story the mainstay of literature. Short Story International is an important accomplishment."

ISAAC BASHEVIS SINGER

USA	Irwin Shaw Mixed Doubles
Mexico	Carlos Fuentes A Pure Soul
Philippines	F. Sionil José Tong
Turkey	Aziz Nesin The Rusty Tin Can in the Treas
England	E.G Peacock The Chief Clerk
New Zealand	Vincent O'Sullivan The Witness Man
Malaysia	Alias Ali The Changing Tide
Gibraltar	E.G. Chipulina Case History
China (PRC)	Li Guangtian A Sunless Morning
	Albert Russo The Age of the Pearl
South Africa	Jane Meiring Rendezvous
Ireland	T.G. Nestor The Standing Stone
Israel	Aharon Megged The Name
Egypt	Yehia Hakki An Empty Bed
Australia	Ian Nash A Promise to Settle
USA	Tillie Olsen I Stand Here Ironing

ALBERT RUSSO
B. P. 573
75826 PARIS CEDEX 1
FRANCE

Albert RUSSO

Albert
RUSSO B.P. 573 -   75826 PARIS Cedex 17   (Tel : 42.67.94.18)

● 1 ○ 2 ■ 3 □ 4 ▲ 5 △ 6 ★ 7 ☆ 8 ♦ 9 ◇ 10 ⊕ 11 ♣ 12

========= Albert RUSSO, né au Zaïre de père italien et de mère anglaise passe toute sa jeunesse
sur le Continent Africain, entre le Congo ex-Belge, l'ancienne Rhodésie, l'Afrique du
Sud et le Burundi. Il fait ses études Universitaires aux Etats-Unis puis à Heidelberg,
et parle couramment cinq langues.

Il se fixe en Italie quelques années, retourne aux Etats-Unis où il adapte des films
pour l'UNICEF, et est Membre de l'American PEN Center. Puis s'installe à Paris : il y
est Membre du Jury du Prix Européen décerné par l'ADELF, Membre de l'Association des
Ecrivains de Langue Française, et de l'Union des Ecrivains.

Auteur bilingue, il a ces dernières années surtout écrit en anglais. Sa prose et sa
poésie lui ont valu de nombreux Prix Littéraires, et paraissent régulièrement dans des
publications Nord-Américaines, Britanniques, mais aussi en Inde, en Australie et en
Afrique. Ses nouvelles ont été radiophoniquement mises en scène par le Service Mondial
de la B.B.C. Une première anthologie de son oeuvre en anglais est à paraître aux
Etats-Unis. Collaborations : World Press Review et l'International Herald Tribune.

.Témoignage d'estime pour "Incandescences" (Gd Prix Littéraire de Bergerac, 1968)
.Prix de Poésie Regain pour "Eclats de Malachite"   (Monte-Carlo, 1971)
.Prix Colette pour "La Pointe du Diable" (Fondation Michel-Ange, Présidents René Huyghe
 de l'Académie Française, et Armand Lanoux de l'Académie Goncourt,- Cannes, 1974)
.Mention au Prix Prométhée pour le récit "Mosaïque New-Yorkaise"   (1975)
.New-York Poetry Forum Award   (USA, 1983)
.American Society of Writers' Fiction Award   (USA, 1978)
.Orbis' Readers' Award   (G-B, 1983)
.Volcano Review International Award for Long Fiction   (USA, 1984)
.Double Space Novel Contest finalist   (G-B, 1986)
.Charles Katzman's Journalism Award   (USA, 1986)
.Willoughby F. Senior, Memorial Award   (USA, 1986)
.Unveiling Literary Award for Poetry   (USA, 1986)

★ **Bibliographie**

"Incandescences", évocations & nouvelles (Scorpion, Paris, 1970).
"Eclats de Malachite", roman, récits et poèmes (Demêyère, Bruxelles, 1971).
"La Pointe du Diable", roman sur l'Afrique du Sud (Demêyère, Bruxelles, 1973).
"Mosaïque New-Yorkaise", (Athanor, Paris)
Poèmes dans l'Anthologie de la Poésie Française Contemporaine (1975).
Poèmes dans Tribune Poétique (Bruxelles) et Présence & Regards (Paris).
Adaptations en français de pièces contemporaines de Michael Pertwee et de Joyce
Rayburn, pour le théâtre et la télévision Belge.
"Your Son Léopold", roman sur fond d'Indépendance du Congo ex-Belge, publié par
épisodes aux Etats-Unis et en Grande-Bretagne.
"Princes & Gods", roman se situant au Burundi : à paraître aux Etats-Unis (1987).
"Triality", récit paru dans la Midatlantic Review (New-York).

⊕ **Critiques**

A propos de *Eclats de Malachite* :
*"...l'ensemble touche à la lecture par la ferme expression d'un esprit parfois
désabusé, mais toujours généreusement tourmenté."*
                                   Nouvelles Littéraires, Paris.
*"...L'air, le paysage, la lumière, un certain mode de vie : tout y exprime la jus-
tesse douloureuse d'un univers aboli que tant d'êtres regrettent avec une indé-
rissable nostalgie... Nourri d'expériences multiples, d'émotions qui se bousculent
et bousculent son écriture, Albert Russo doit trouver unité intérieure et simplicité."*
                       Georges Sion, de l'Académie Goncourt, Le Soir, Bruxelles.
*"...Ce livre est écrit comme un exorcisme et une confession, dans un langage
proustien... Tel quel, il est envoûtant et dévoile un talent certain."*
                                   Jeune Afrique
*"...Le message humain, c'est cela le "fétiche" qui fait vibrer l'ouvrage d'Albert
Russo... Une oeuvre retentissante."*
                                   La Dépêche de Lubumbashi, Zaïre.
*"...La nostalgie de l'enfance décrite par un grand écrivain : Albert Russo..
Retenez bien ce nom. On en reparlera."*
                                   Vie et Succès, Paris.
Opinions : *"Je ne peux résister au plaisir de vous féliciter. Tout cela est
excellent. J'ai beaucoup aimé vos poèmes."*   (Robert Goffin)

⊕ **Critiques (suite)**

*"...Il y a là une façon de conter qui va comme une rivière souterraine qui
affleurerait de temps en temps pour replonger aussitôt. Pensée allusive, langue
souvent trop chargée (comme cette nature tropicale dont vous parlez si bien),
mots et images parfois maniérés, tout cela contribue à créer un climat chaud et
blessé, un climat troublant. On ne l'oublie pas..., dès les premières pages, on
sent un ton nouveau auquel on ne peut rester indifférent."*
                       Paul Willems, Dir. du Musée des Beaux-Arts
                                                   (Bruxelles)

A propos de *La Pointe du Diable* :
*"...Avec ce roman, il ne fait pas l'ombre d'un doute que Russo acquiert une
gloire parmi les valeurs sûres de la littérature d'aujourd'hui. L'oeuvre va loin.
Tout en traitant l'un des problèmes les plus angoissants de notre temps dont on
se demande pourquoi ils se posent, l'auteur nous arrache de l'arsenal de la
réalité pour nous poser dans celui de la poésie. Non de cette poésie faite pour
sa satisfaction, mais de celle-là même qui est création, participation."*
                                   Revue Zaïre, Kinshasa
*"...C'est en Afrique du Sud que l'auteur situe l'action d'un excellent
roman..., drame du racisme sud-africain."*
               Robert Cornevin, Directeur de la "Documentation
               Française" et Président de l'A.D.E.L.F. (Nouvelles Littéraires)
*"...C'est un roman d'une sensibilité le dispute à la qualité des descriptions dans
la peinture de l'un des plus graves problèmes humains de notre siècle."*
                       Robert Cornevin (Culture Française, Paris)
*"...Dans un style très personnel, Russo dénonce la honte de l'Apartheid qui se
poursuit sous l'oeil indifférent des nations, et parle en poète de la beauté de cette
terre d'Afrique."*
                                   Tribune Juive, Paris
*"...Son héros, Michaël, s'éprend de Prudence, pas très jolie avec ses cheveux
crépus, mais bouleversante dans sa détresse parmi ces "oubliés de Dieu à la peau
contrariante", se débattant dans sa géôle pigmentaire."*
                                   Revue de l'Afrique
*"...C'est de l'Apartheid qu'il s'agit ici, cette maladie honteuse d'Afrique du Sud,
ce racisme institutionnel, froid, aseptique et "comme venu d'ailleurs". Il constitue
la trame d'un roman poétique, et tendre, et sensuel. Ces pages sont celles d'un*

poète blessé dans sa chair par les griffes d'une société bête et féroce."
                                   Serge Zeyons, La Vie Ouvrière, Paris
Opinions : *"...Je viens de lire les deux volumes que vous m'avez envoyés et
leur ton m'a beaucoup touché"*
                       Joseph Kessel, de l'Académie Française
*"...Pierre Emmanuel (de l'Académie Française) tient à vous dire le plaisir qu'il a
eu à lire ces pages à la fois difficiles, sensuelles et pleines d'humour."*
*"...Vous avez — cela saute aux yeux — la qualité première du conteur (très rare
dans la littérature "cérébrale" d'aujourd'hui), une très riche sensualité, toujours
en éveil, vous écrivez avec vos sens. Le lecteur, bientôt séduit, voit par vos
yeux, entend par vos oreilles... Votre roman est aussi plein d'odeurs (comme
l'est l'Afrique) ce que, hélas, on ne peut pas dire de beaucoup de romans."*
                                   Daniel Gillès

*** Traduction italienne par Gabriella Baldanzi.

Incandescences — Opinions : *"...J'ai lu les récits que vous avez bien
voulu me confier, et j'y ai trouvé beaucoup d'imagination, de sensibilité et de
qualité de style. En particulier, vous savez fort bien traduire l'Afrique et la
situer son vrai plan par rapport à nous qui n'y sommes pas nés, mais qui
l'aimons un peu comme si nous ne pouvions pas échapper à ses sortilèges...*
                                   Michel Droit
*"...Ce qui m'a surtout impressionné est la variété des textes contenus dans ce
recueil, ainsi que la grande qualité de style. J'ai le sentiment que l'auteur de
ce livre produira un jour une oeuvre importante..."*
          Douglas Parmee, Prof. Littérature Française, Queens' College, Cambridge

De lui, James Baldwin dit : "J'aime votre écriture, car dans un style policé vous
exprimez des sentiments violents, faisant éclater des vérités terrifiantes. Vous
dérangez sans en avoir l'air".

1987 : Parutions dans l'Edition Française de PLAYBOY et Nouvelles traduites dans des Revues
       Littéraires en Grèce et en Turquie.

I wish to thank Eric Tessier for his sensitive and poetic interpretation of my life and literary career. He was presented with bundles of scattered documents and several boxes containing photographs portraying three generations of kin and kith, spanning as many continents. Whilst his selection was naturally subjective, his intention was to cover the manifold and sometimes contradictory facets of a writer's persona. I hope the reader will enjoy these two volumes, as if he / she were peeking through the window of a friend's home, before knocking at the door.

Albert Russo

ᵒᵒᵒ

Ces deux volumes nous ont présenté l'histoire d'un homme et d'une famille, sans être un livre de souvenirs toutefois. Mon but a été de dépasser l'événementiel pour l'amener à l'universel, et si, au détour d'une photo un peu jaunie, les souvenirs affleurent dans l'esprit du lecteur, alors j'aurais réussi mon pari.

Erric Tessier

ᵒᵒᵒ

Eric Tessier has published several collections of short stories in French. He is the editor of the literary magazine and publishing house La Nef Des Fous. He also contributes regularly essays and fiction in English to The Taj Mahal Review (India), World Literature Today and Skyline Magazine (USA).

Eric Tessier est l'auteur de 3 recueils de nouvelles parus aux éditions Editinter et Rafael de Surtis. Il dirige la revue La Nef Des Fous, ainsi que l'édition du même nom, et présente une émission radiophonique à la station Libertaire.

ᵒᵒᵒ

Albert Russo has written about 30 books in French and in English, the latter, published by Domhan Books and Xlibris, namely *The Age of the Pearl, Beyond the Great Water, Oh Zaperetta! ,The Benevolent American in the Heart of Darkness, and The Crowded World of Solitude, volume 1 , the collected stories,* (which just won an award in the United States with Writer's Digest), and *volume 2, the collected poems.* His fiction and his poetry appear in English and in French around the world; his work has been translated into a dozen languages and has garnered a number of awards on both sides of the Atlantic, as well as in India and Africa. His literary website: www.albertrusso.com

Albert Russo a écrit de nombreux romans, ainsi que des recueils de nouvelles et de poésie, en français et en anglais. Son oeuvre a été traduite dans une douzaine de langues et a été couronnée de plusieurs prix des deux côtés de l'Atlantique et en Inde. En France, ses derniers livres sont publiés aux éditions Hors Commerce, dont *Zapinette Vidéo, L'amant de mon père—journal romain, L'ancêtre noire et La Tour Shalom* , ainsi qu'au Cercle Poche. Son roman *Sang Mêlé ou ton fils Léopold* est également paru aux éditions France loisirs. Son site littéraire: www.albertrusso.com

ᵒᵒᵒ

Other artbooks, completing the series, published with Xlibris, by the same authors, in English and in French (but also in Italian and Spanish): *ROMAdiva, Chinese puzzle, AfricaSoul, In France, Mexicana, Sri Lanka, Saint-Malo with love, Albert Russo: a poetic biography, volume 1, Brussels Ride, Sardinia.*

Printed in the United States
By Bookmasters